# 시학교수

강우식 시인은 1941년 강원도 주문진에서 출생하여 1966년《현대문학》으로 등단했다. 시집으로『사행시초』(1974),『사행시초 · 2』(2015),『마추픽추』(2014),『바이칼』(2019),『백야白夜』(2020) 등이 있다. 성균관대학교 시학교수로 정년퇴임했다.

리토피아포에지 · 113
시학교수

2쇄인쇄 2021. 9. 15 2쇄발행 2021. 9. 20
지은이 강우식 펴낸이 정기옥
펴낸곳 리토피아
출판등록 2006. 6. 15. 제2006-12호
주소 22162 인천광역시 미추홀구 경인로 77
전화 032-883-5356 전송 032-891-5356
홈페이지 www.litopia21.com 전자우편 litopia999@naver.com
ISBN-978-89-6412-142-9 03810

값 10,000원

강우식 시집

# 시학교수

## 지은이로부터 · 1

변덕 심한 襄江之風에서 자란
나는 시로써 부도덕하고,
타락한 사람이고 불상놈이다.

자아비판도 없이 살아온
사회주의의 적인
게을러빠진 무위도식자다.

나는 주문진 항구이고
동해바다의 한쪽을 떼어다가
대한민국 시단에 온통 비린내를 풍긴

멸치고 꽁치고, 개복치다.
천것이고 시의 옹고집쟁이고
초경하는 여자 같은 남자다.

2021년 5월 아카시아꽃핀 날에

老平散人 강우식

## 지은이로부터 · 2

누가 나에게 직업이 뭐냐고 물으면
시도 끄적이다가, 시도 모르면서
시학교수질도 했다고 답하겠다.

신라의 영원성을 팔던 미당도
지조론으로 목소리를 높였던 지훈도
경상도 가랑잎으로 흔들렸던 목월도

약력 끝줄에 아무도 안 달았던
이름 시학교수. 지나가는 개도 안 물어갈
허명뿐인 시학교수였다고 실토하겠다.

시를 좀 아는 시인들은 詩場엘 가고
시를 모르는 무식한 강우식만 남아서
내 끄트머리 시집에 시학교수라는 이름을 단다.

2021년 고향 봄바다가 그리운 5월에

강果山 우식閒翁

# 차례

## 2부 어머니의 약손

# 1부 굴뚝 연기

# 굴뚝 연기

눈이 온 저물녘 피어오르는
굴뚝 연기는
어느 집에서 옥동자 낳았다고
하늘에 알리는 것 같아
너무나 경사스럽다.
가정집에서 하늘에 알리는 일로
연기밖에 뭐가 있겠는가.
로마 바티칸 성당에서도
새 교황을 세웠을 때
하늘에 알리는 신호로
연기를 피워 올리지 않았는가.
아니 그런 성스러움이 아니더라도
가족끼리 저녁 한 끼를
오붓이 즐기기 위해
된장찌개라도 끓이며
감사하는 마음으로 피워 올리는
연기는 어떤가.
마음이 가난한 자는 복이 있나니
하늘에 계신 하나님은
눈 내리는 저녁이면

어떤 연기든 다 받아줄 것 같다.
지금 같은 어스름으로 물들어가며 기우는
북녘 땅 어느 산간에서 피워 올리는
한 끼조차 어려운 맥 풀린 굴뚝 연기조차
긍휼히 여기시며 받을 것 같다.

# 궁남지 연꽃

궁남지
호수는

부처님
불佛가마.

시궁창
밑바닥

아귀저승
불火가마.

쓰레기
누더기

일체중생
해탈구제

환골탈태
불佛가마.

연잎자리
초록방석.

부처님
염화미소

꽃 피운다.

# 기사문리*

머리를 북쪽에 둔 국경은 더 춥고 슬프다.
바라보이는 바다는 철조망도 초병도 없이
일망무제 푸르고 넓고 넓은데
북위 38도 몇 분의 보이지 않는 선은
바다 밑바닥 심연까지 그어져 있고
남몰래 숨어사는 사람처럼 들어와 살던
행복했던 작은 포구.
바다 갈매기만 남에서 북으로
북에서 남으로 짐꾼처럼 드나들던 곳.
그리운 사람이, 그리워 할 사람이
애시 당초 없는 듯이 세월을 묻고 사는 곳.
별을 보아도 북쪽에 뜬 별만 보던 하늘.
가까운 사람이 잠시 안 보여도
그리운 사람이 되는 국경의 나날이었다.
물에다 밥 말아먹는 이데올로기도 아닌데
그 국경이 허물어지고 흔적조차 없는 데도
넘지 못할 사랑을 갖고 살았던 사람에게는
넘지 못할 사랑을 넘은 것처럼
마음대로 넘어 다닐 수 있는
지금이 슬프다. 국경을 지키듯

넘지 못할 사랑을 지켰던 하늘이 슬프다

* 기사문리:동해안 38선 인근의 작은 포구.

# 꽃

꽃피는 거 비록 한때지만 눈보라 비바람 쳐도
꽃도 그 시절이 있어 사람처럼 추억을 먹고 산다.

# 꽃 문신을 한 여자

한 남자를 사랑할 때마다
그 남자에게서 꽃을 가져와 문신을 새긴 여자가 있다.
입술 자국이기도 하고 손자국이기도 한 꽃은
아픔이기도 하고 상처이기도 하고
때로는 반짝이지 않는 감춰진 별이기도 했다.
한 남자에게도 꽃을 가져올 때마다
물이 되어 흐르며 밤새 울었던 여자.
늘 열려 있던 천국의 문도 돌처럼 굳게 닫았던 여자.
벼락과 해일이 일었던 여자.
처음 한두 개의 꽃을 가져올 때는
너무너무 소중하고 사랑스러워서
자기만이 가지고 쓰다듬는 비밀이더니
어느 꽃이 무슨 꽃인지 너무 많아 분간이 안가는
한 번 피면 지지 않는 꽃 때문에 질리고 질려버린
생성과 소멸의 순환도 모르는
꽃을 사랑하다 꽃에 질린 여자가 되고 말았다.

# 대한大寒 무렵

붉은 대추 넣고
삼 달이는 냄새가
구수하다.

자 폭이나 눈 덮인 뜰엔
참새 새끼들이
이따금씩 오소소 몸을 털며
강추위를 몰아내고

햇솜의 누비옷
귀 털 마개 가리고도
칼바람에 저절로 볼이 튼다.

부엌에 놓아둔 물동이도
쾅쾅 터져나가고
식기들도 미끄럼질 타는
한파.

고뿔을 코끝에 달고
양지쪽에

해바라기하면서도
좀 더 추워도 괜찮겠다고
호기를 부려본다.

# 도요새에 대한 추억

도요새는 상당히 낭만적이다.
동네에서 수더분하기로 소문난 마구간 주인 김씨네
말에서 말총을 몰래 뽑아서는
가늘고 질긴 올무를 만들었다.
한 무리의 도요새의 편대의 착륙은
파도도 도요새가 오기를 간절히 원해서
깨끗이 쓸고 닦기를 반복하는 물녘이었다.
만들어진 올무는 낱낱이 대 꼬챙이나
손 뼘 길이의 가는 나뭇가지에 일정 간격으로 매달아서
일렬횡대로 파도가 쓸리는 모래사장에
은밀히 파묻고 도요새를 기다렸다.
참 희한하게도 도요새 편대는
이착륙이 잦은 인천 국제공항만큼이나
올무 근처에 자주 내려앉았다.
그때부터는 세상물정에 닳은
입술로 부는 휘파람소리가 아닌
어린 아이의 여리고 순진한 소리로 가만히 몰았다.
도요새는 먹이를 찾는 데는 종종걸음이지만
한편으로는 그 소리에 취해
모래사장을 플로어처럼 춤추듯 행보하다가

덫에 걸리고 더러는 놀라 하늘 멀리로 사라졌다.
아이들은 어디서 어찌 터득했는지 모르지만
휘파람소리를 이용해 도요새를 몰고
도요새는 노래나 부르며 같이 놀자는 줄 알다
참으로 넋 나간 낭만에 일생을 그르치는 새였다.

잡힌 도요새의 뒷소문은
어른이 되어서도 차마 말을 못하겠다.

# 먼지

먼지들은 구석이 편안하다.
살아가면서
힘없이 밀리고 밀리다
막다른 벽에 부딪쳐
동서남북 어디고 갈 곳 없는
퇴출당한 나처럼
소리 없이 구석진 곳만 찾는다.

먼지들은 힘이 없다.
가난한 사람끼리 모여 살다
하룻밤 새에 소리 소문 없이
야반도주하는
산동네 판자촌 인생처럼
바람만 좀 불어도
어디로 휘불리는지 모르게
증발한다.

하지만 먼지들은 스스로가
생래적으로
어디 가서 살면 되는지를 안다.

세상 어디에도 쓸 데 없는
미미한 티끌이지만
어느새 구석진 자리에 모여서
힘없는 것들끼리
서로 의지가지하며 기대 살 줄 안다.

# 모시옷 연가

이 땅에 사는 이의 혼과 숨결이 그중 잘 배인
무명옷보다 더 순결한 빛의
모시옷은 우리 어머니와 누나들이
백의민족의 해와 달을 벗 삼아 엮어낸 길쌈의 꽃이다.

숯 검댕이 낯짝으로 헤매던
50년대 말에 어쩌다 모시옷 입고 나들이한
여인네들을 보면 어디 딴 세상사람 같았다.

한산모시라는 말은
초등학교 교과서에서 처음 익힌 것인데
어릴 때는 나도 저런 매미날개 같은 옷
한 번 입어 봤으면 하는 꿈에 젖기도 했다.

아니 그 꿈이 자라면서 박 덩이처럼 더 커져서
고등학교 무렵에는 내 첫사랑은
흰 모시옷을 입은 소녀이고

나는 그 옷 젖을세라
개울을 못 건너서 바장이는

그녀를 들쳐 업은
종아리 걷은 머슴쯤이고 싶었으나
그 사랑도 끝내 못 이루고 거기까지였다.

그리고 까마득히 잊은 세월 속에서
내 나이 50중반이 되어서
하늘과 땅이 합일하듯이
한 여인을 사랑하게 되었는데

나와의 모란꽃 핀 고궁의 데이트에서
그녀도 나도 풀 잘 먹인 모시옷의
이심전심의 산뜻한 차림의 커플룩으로 만났다
이 사랑 어찌 우연이라 일컬으리.

이 땅의 따스한 햇볕과 시원한 바람이
그중 잘 소통하는 모시옷은
나에게 꿈꾸게 하고 꿈을 이루게 한
한류의 혈맥이 융융히 넘치는 그런 옷이다.

# 묵필법筆墨法

—오수환 화백께

길이 어디 있으랴
아침에 눈을 뜨면 바라보이는
북한산도 먹으로 지워버리고
그가 어슬렁거리던 혜화동 로터리
이층 찻집도, 그 아래 동양서점도
한 집 건너 두 집이던 대포집도
먹을 갈아 쓱 쓱 뭉개어 하얗게 만들고
법고창신法古創新의 마음으로
아니 군사정권의 무법자처럼
귀머거리처럼, 벙어리처럼
아귀지옥의 아우성이 있어도
들어도 못 듣는 귀로 들어 새기고
천지를 뒤흔들 소리가 있어도
다 안다는 듯이 터지지 않는 절규가 되어
답답하게, 답답하게 고집 하나로
산천경개도 다 뭉개버리고
그런 연후에야 잘 익은 종가집 장맛처럼
다시 은은하게 살아나는 용트림이다.
길이고, 집이고, 심산유곡이고, 하늘이다.
다시 먹 찍어 토해낸 우주고 세계다.

어떤 때는
길바닥에 통째로 술동이를 들이붓듯이
먹물의 강이 흘러
술 취한 용이 갈지자로 꿈틀꿈틀
길을 내고, 처용아비 휘휘 너른 소맷자락으로
먹 춤추며 일으켜 세운 집이고
산맥이다. 살아 있는 하늘이다.
법이 없어 법이 되고
법이 있어 법이 아닌
검은 혓바닥이다. 묵필이다.
술에 절어 죽어버린 굳은 간덩이
그 시커먼 한을 풀어 쓴 먹물이다.
가도 가도 인적 없는 무인들판에서
옛다 승냥이나 먹으라고 살점
한 점 쓰윽 베어 보시하듯 내던진
상처다. 심연의 끝없는 자국이다.
막힌 자에게는 짚어줘도 까막눈일
그대의 묵필은 일망무제의
검은 바다와 같은 하늘의 구름이다.
길이 없어 하늘 길도 만들어가며

천년을 산다는 학도
이제껏 내가 모르고 날은 산하도 있나
그대의 묵필을 굽어보고 놀라는
산천이고 경개景槪다.

# 물에 대한 한 남자의 고백

사랑을 하다보면 어떤 여자들은
미친개처럼 달려들어서 선인장 가시 같은
배신의 이빨로 심장 깊숙이 찌른다.
치명적인 다 이유 있는 날벼락이다.
용해되어 흐르는 것들은 쇳물도 핏물도 다 물이다.
낭자하게 사랑의 핏물들은 다 빠져나가고
한 남자의 가슴은 열사의 모하비 사막처럼 바닥 쳤다.
물이 없어 두려운 것이 아니라
사랑의 찌꺼기 같은 물이 사막에도 한 방울이라도 있어
물이 두려운 공수병恐水病에 걸렸다.
사랑을 하던 옛날에는 그대에게 가는 길은
물에 젖어 출렁출렁 가는 길이었다.
강 굽이굽이 돌 때마다 꽃잎 물결로 춤을 추었다.
사랑에 캄캄 눈이 멀어도
세상 모든 것들에 문이 열려 있는 그런 나날이었다.
가슴에 충만하게 차오르기만 하던 그 물을
한 여자의 배신의 물이더라도 그리워 마시려 해도
물 한 모금도 마실 수도 없고
사랑이 겁나고 두렵듯이 물이 두렵고
환각 환청에 시달리다 죽을 수밖에 없는

세상 누구도 살아난 적이 없는 사랑의 공수병이다.
하지만 때로는 마리아 같은 여자들도 있어서
죽어가는 사내의 타들어가는 마른 목마름에
사랑의 기적을 베풀려고 하나
한 번 걸린 물이 두렵기만 한 이 병은
물이 그저 안타까운, 한 우물을 팔수도 없는
죽음을 재촉하는 물이 되고 말았다.

# 바다바위

물만큼 정감이 있는 게 있으랴.
아니 물만큼 외로운 게 있으랴.
바다 속 동식물들은
물에 끊임없이 흔들리고 시달리면서
그 물이 있어 먹고 뱉으며 산다.

흔들리다보면
늘 세간을 달구지 하나에 싣고
산굽이를 돌고 넘어야 했던 유이민流移民 같은 삶에서
한곳에 뿌리내려 살고 싶은 것이
사람이나 바다 속이나 마찬가지인가.

산다는 것의 주소를 간절히 갖고 싶어서
어떤 파래는 떠다니다, 떠다니다
모래 속 조개껍질에 겨우 붙어
편안한 한숨을 놓는다.

바다 속에서는 우리의 관심 밖인
바위 하나만 있으면
그 바위가 물의 유연함을 이길 수 있는

강남의 금싸라기 같은 부동산이어서

뭇 생명들이 그 견고함 속에
무언가 생명을 맡기고 살 수 있는 힘이 있는지
숨거나 기대거나 기생하면서
모두 나름의 방법으로
바닷물 속에서는 집이나 일터삼아 살아간다.

# 봄 통일

산수유 꽃이 피었다.
작은 꽃무리들이 모두 홍아가 난
한 핏줄 한 자손들이다.
겨우내 맺혔던 원怨도 한恨도
다 풀고 싶은 목마름의 세월.
꽃 피고 이운 동토도 반백년이 훨씬 더 지났다.
같은 겨레붙이라는 게 이렇게 무섭다.
산수유 꽃 피고 날이 풀리니 인지상정으로
가난한 북녘 동포들
지난겨울도 잘 넘겼는지 걱정도 된다.
꽃샘추위라고 꽃이 안 피랴.
같은 빛, 색으로 꽃들은 핀다.
원자핵 구름 꽃 아니면 얼마나 좋으랴.
산과 물이 막혀 왕래 없던 삼천리길.
올봄에는 산수유 꽃 피듯이
통일의 꽃으로 활짝 웃자.

# 봄 화두

날이 밝으면 하산 하시게나
속세로 나가서
나뭇가지들의 뼈 부러지는 소리가
어떻게 나는지
사람들에게 옮기게나.

'겨울화두'라는 시를
어떤 잡지의 표지 시화詩畵로 실리고
동안거 아닌 동안거 풀리며 주운 시.

티끌 하나 없는 흰 눈일지라도
많이 쌓이면
그 부담을 견디지 못한
나뭇가지는 부러진다.

# 봄이 왔다

겨우내 굶주렸던
봄 우뢰는 먼 산 너머에서
가글 가글
창자를 뒤집고

고래가 꼬리지느러미로
큰 바다를 내리치듯이
살아 있는 초록 합창
봄이 왔다.

철가면의 하늘도
갓난애 숨결 같은 여린 햇살에
파랗게 질려 저만치
종달새처럼 솟구쳤다.

지금 눈 덮였던 들녘은
영안실의 흰 시트 젖히시고
기적처럼
초록 눈 뜨신
어머니.

문밖 한 발짝만 나서도
스프링코드엔
쑥 향기, 물미역 냄새 나는
바람이 가득 찬다.

# 북녘 가을을 보며

오늘은 열린 귀 하나로
경원선 철길 마음의 기적소리를 따라
가을여행을 떠나며,

눈으로는
남쪽의 어느 들녘처럼
똑같이 영글어가는 만만 평의
연백평야를 보느니.

이제야
내 마음의 산에도
금강의 단풍드는 가을이여.

아직도 저 북녘의 산야를 보며
멀다, 멀다, 멀다
단물 들지 않은 마음으로
서성대는 이 있으시거든

가을햇별 속에서
우리들의 심장을 꺼내어서는

조선고추처럼
더욱 맵고 붉게 영글게 하고

해질녘이면
저 건너편 어느 산자락 밑에도
군밤처럼 터지는
어머니의 등불을 보자.

# 비의 면역

여름 내내 비가 내렸다.
살아온 과거들이 젖기 시작했다.
젖어서 곰팡이 슬고
물에 불어 팅팅 팽창하기 시작했다.
죽은 여자의 썩은 살 냄새가
내 몸 전체에서 나기 시작했다.
죽은 여자를 따라 죽고 싶다는 생각을 했다.
그렇게 사는 자신이 슬펐다.
비가 내렸다. 하늘에 구멍이 뚫리고
내 대신 슬픔이 펑펑 쏟아졌다.
슬픔은 영원히
썩지 않는 줄 알았더니 썩어갔다.
어쩌다 볕드는 하늘도 있었으나
그것마저도 그것마저
썩는 냄새를 말리지 못했다.
마음에서 썩어가던 것들이
이제는 밖에서도 썩어갔다.
보이는 모든 것들도 썩어갔다.
길 건너 효민 교회의 하느님도
용화사 부처님도 썩어갔다.

밤새 하늘에 조각배 띄워놓고
별을 낚겠다던 내 마지막 꿈도 사라졌다.
그리고 나는 하늘이 똥구멍을 드러내고
주야장창 물 개똥을 내질러도
그 비에, 그 슬픔에 어느덧 면역되었다.
살아 숨 쉬는 것이
그렇게 무서운 것임을 터득했다.
살아있다는 것은 어금니를 꽉 깨물고
금시 죽을 것 같은 슬픔들도 다 삭이고
석 달 열흘 내리는 비도
다 소화하고 씻어내리는 것임을 알았다.

# 사람의 향기

서해안 갯벌에 누워
한 1천만년쯤 밀물과 썰물의 노래로
몸을 씻으며 만들어진 침향도 있다지만
나 같은 가난뱅이 문필서생의
코끝에 와 닿기까지는 애당초 인연에도 없고
내 못 잊는 향의 냄새는
한 50여 년 전 가을에 시인될 꿈에 젖어
국화꽃 시인 집에 들러 맡았던 국화향의
가을하늘처럼 청초한 냄새다.
그리고 그 향기도 한시 한때뿐
한 50년은 잊고 살았는데
오늘 참 우연찮게도 서해바다 북단의
한 이름 없는 섬마을 초등학교 교정에서
혼자서 무불통지로 풍금도 치고
산수도 가르치는 선생님에게서 그 향기를 맡는다.
국화꽃이나 사람이나 일심동체인 향기를 맡는다.
향기란 늘 증발하고 초월하는 힘이 있다지만
사람마다 못 잊는 유전인자 같은 것도 있어서
젊은 날에 찾아든 스승의 냄새와 어찌 그리 같은지
아니 일생을  내 애인 노릇하며

훈장으로 늙은 여자와 어쩜 그리 같은지.
꽃이 되도록 꽃향기가 되도록 이끈 헌신이여.
밀물은 들고요 썰물은 빠지는
내 여기 서해마을 북단에 와서
사람 향기가 그 중 으뜸인 것을 느끼느니
향의 간절히 이끄는 힘이 있어 내 여기 와
가갸 거 겨로 깨닫느니.

# 산

경전經典 읽듯 산길을 조석으로 다녔으면서도
스님이라고 다 산을 아는 것은 아니다.
안다면 마음보다 발이 먼저 알 것이다.
산은 그렇게 어렵다.

# 산수유

알몸으로
서로 부둥켜안고
내리는 눈발 속에서
꽁꽁 얼어 죽은
연인들처럼

때 이른
산수유 꽃 선불리 피어
돌덩이로, 돌덩이로
눈 맞고 있다.

줄리엣처럼, 줄리엣처럼,
로미오처럼, 로미오처럼,

꽃들에게는
사랑하기에 받은
여느 생명과도 다른
기적이 있나보다.

다음날, 봄눈 녹자

부활하듯이
산수유 꽃들은 다시 살아나
더욱 선명한 빛깔로 피어 있었다.

사랑하기에
서로 알몸으로 부둥켜안은
줄리엣의 손깍지처럼
로미오의 입술처럼.

아,
사랑하기에 피어 있었다.

# 새싹 사랑

새싹처럼
봄날에 새로 눈 틔어 파릇한
잎처럼 바람결에 팔랑팔랑 대는
여자를 만나 사랑을 했네.

그녀의 눈동자는
오월의 하늘처럼 맑게 푸르고
만나면 말끝마다 쌤, 쌤 부르는
목소리는 초등학생 같았네.

미끄럼틀 타는 아이들 마냥
장난기가 넘쳐나는
그녀와의 데이트를 따라가다 보면
나도 어느 새인 듯
여린 풀물들이 들어 윤기 흐르고

아이들처럼
깜찍한 입맞춤에는
나도 모르게 자연히 입 벌어져
침이 샘물처럼 솟네.

새싹 같기만 한 이 사랑 놀음도
춘향이와 이 도령 같은
내 사랑도 세월이 흐르면 변하겠지.

잎 돋고 꽃피다 낙엽 떨어져
시들시들해지겠지.
그것 생각하면 서러워지다가도
쌤 쌤하고  그녀가 부르면
나이도 잊고 금시 화안한 낯빛으로
그녀를 따라가는
그저 따라가기만 하는 내 사랑은
초록이네.

# 새

—장길환 화백께

새도 가끔은 멀쩡한 눈 갖고도 장님이 되어
유리창이 허공인 줄 알고 날다 부딪쳐 죽기도 한다.
(매사 사람이나 짐승이나 마음 놓는 일이 이러하다)
장 화백이 그걸 보고 컵 박물관 유리창에
수리 새를 그려 넣었다.
솜씨는 솔거보다 못할지 몰라도
마음 씀씀이는 윗길인 애련愛憐이 깃들어 있었다.
유리창의 수리 새는 칼날 같은 발톱으로
새를 잡아먹는 것이 아니라
무서움으로 무서움을 물리치는 생명보호의 새였다.
또 수리 새를 한 번도 만난 적이 없는 새들도
태어나면서 수리 새가 무서운 새라는 걸
유전자를 갖고 태어나는지 스스로 알아서
용케도 컵 박물관의 유리창을 피해서 날아갔다.
가령 새들에게는
나무를 가려보는 눈은 누구보다 밝아서
쉬고 싶은 나무와 앉고 싶지 않은 가지가 있듯이
옛적 솔거가 그린 소나무는 앉으면 안 되는
새의 마음까지 헤아리지 못하고
사람의 마음만 읽고 그린 나무라면

장 화백이 유리하늘에 그린 수리 새는
여기 무서운 내가 있으니 얼씬거리지 말라는
뭇 새들의 마음을 헤아려서 그린 새였다.

# 새벽공기

칠십 평생
개꿈 같은 내 인생을
선가禪家의 죽비처럼
일순 확 깨게 하는
눈 온
새벽의 공기.

사발들이로 마시듯
숨 깊이
들이쉬고 내쉬는 것
하나만으로도
나, 자연에서 살아야 할
도道 다 깨달았네.

시인 서정춘이 내게 한
덕담.

시불詩佛 되소서.

# 새집에 대하여

요즈음 새집을 보면
나뭇가지로만 짓는 게 아니라
아파트를 짓듯이 철사줄을 가져다
철근도 박는다.
새나 사람이나 삶은 가파르다.
천 길 벼랑의 돌 틈 사이의 새집.
새라고 저런 곳에 집을 짓고 싶었겠는가.
쫓기고 당하며 끝없이 밀려온 선택이 아니었겠는가.
그렇다. 생生이란 어떤 막다른 골목이더라도
현재 있는 자리가 늘 최선의 마지막 선택이다.
선택이 새의 아무도 범접 못할 지혜고 자존심이다.
사람은 되도록 산사태나 물난리를 피해 집을 짓지만
그렇다고 삶의 행로가 평탄만 하였겠는가.
새가 집을 짓는 것과 무엇이 다르겠는가.
생존을 위해 재생이 불가능한 핵核을
마지막 수단이나 선택으로 가질 수밖에 없는 나라와
의도와 방법은 다르지만
k-2나 에베레스트의 극한점까지 목숨을 걸고
한 발 한 발 무겁게 발을 떼는
사람들을 오늘도 나는 본다.

그들은 새와 똑같은 한계상황이 닥쳤을 때의
극한에 대해 어떻게 적응해야하는지를
끊임없이 개발하고 시험하는 것으로 내게는 비친다.
새나 사람이나 삶은 가파르다.
그러한 삶이 험난하고 가파르더라도
아니 끝없이 슬프더라도 그 의지와 선택이
한편으로는 생의 자존과 긍지이기도 하다.

# 색

색 쓰지 말라고 하고 싶지만
어차피 사람들이 모이면 색 쓰게 마련이다.
광장에 모인 군중들은 낱낱이 모여 색 쓴
구상具象이 아닌 추상抽象이 되었다.
때로는 난해하고 어지럽고 요란스럽기까지 한
추상에서 모든 색을 다 좋아할 수 없으므로
내 고향 바다빛 블루와 뒷동산의 진달래꽃빛을
추상에서 빼내오기로 했다.
광장에 모인 개인은 미약하여도
개개인이 없으면 군중이 없듯이
색 쓴 어떤 것들도 무너진다.
사랑이나 그 사랑과 동격인
파격이 없는 것은 추상이 아니다.
나는 가끔 바다가 되고 싶을 때가 있다.
파도처럼 속에 것들을 허옇게 토하거나
까발리고 성이나 하하하 웃으니까
추상이 다 흰 포말이 돼 버렸다.
색이란 색들 다 쓸어 담으려 하지 마라
최고의 추상은 하하하 백지다.
이 분명한 선 하나도 겉보다는 내용이

추상이 아니라면 추상은 없다. 색 쓰지 마라
물이 없으면 색 쓰고 싶어도 칠할 수가 없다..

# 서설瑞雪

하늘나라로 간 사람들은 다 하나님이다.
엊그제 하늘나라로 간 하나님
김규동 시인은
눈 많이 오는 북녘 하늘에서
어머니가 보내는 고향 눈 선물이라며
눈꽃을 자루로 가져와서
살아생전에 보내주신 연하장 덕담의
수산壽山 복해福海로 뿌려주었다.
아, 그러고 보니
고참 하나님이 되신 김종삼 시인도 있다.
아담과 이브의 아주 붉고 큰 사과 한 알을 쥔
그는 눈이 내리는 잔잔한 강 풍경을
성하聖河라고 했다. 얼마나 좋으냐.
연초부터 숨죽인 듯 숨죽인 듯 내리는
저 눈 속에는 아직 잊히지 않는 것만으로도
너무나도 감사한 내 첫사랑도 있다.

## 세모歲暮에

자칫
해 넘길 것 같던 빚도
말끔히 가리고 나니
가볍게
여자와 지샐 일만 남았는지

동지섣달 그믐
문풍지도 몸살 떠는 캄캄 밤중에
군불 따뜻이 지피고

명창 이화중선이 불렀다는
한 대목 '오늘밤은 뉘와 동침할고'를
얼음 미끄러져 가는 소리로
낄낄낄 뽑아 꺾으며

술상머리에 앉아
탁배기 한 잔에 입술 훔치고
슬그머니 손이
때 절은 핫바지 밑 사타구니로 가던
내 스승 서정주도 생각나느니.

동침同寢이 동치미가 되어
그와 함께 으적으적 씹던
동치미 깍두기 물맛도 생각나느니.

# 슬픈 그리움

그대와 나 사이에 꽃밭이 있다.
그 꽃밭에 그대도 물주고 나도 물 주어
우리는 잘 가꾸자고 했다.
그 꽃밭의 꽃들은 잘 자랐지만
누구의 꽃도 아니고
굳이 말하자면 우리의 꽃이었는데
우리라는 말에는 개인이 없어서
혼자 가지거나 쓸 수 있는 꽃이 아니고
꽃들도 어느 쪽으로 가지 않았다.
하지만 바람 따라 흔들리는 꽃의 몸짓은
암향부동暗香浮動 어느 쪽으로든 은은히 향기는 흘렀다.
발은 달리지 않아도 이쪽으로든 저쪽으로든
알게 모르게 기울기는 하였다.
기울어지는 향기를 누가 마실 것인가.
꽃은 가끔 사람을 미혹迷惑케 한다.
오거나 가버리면 서운하거나 좋을텐데
가지 않아서 더 슬픈 것은 뭐란 말인가.
그것은 오지 않아서 생기는
슬픔이기보다 두고만 봐야하는
슬픈 그리움이기 때문이다.

# 실파 무침

죄 같은 습관처럼 봄이면
파릇 알싸한 아픔이 물드는
실파 무침을 먹는다.

끊고 잊으려 해도
얼키설키 실같이 모질게 이어온
기인 긴 인연.

츄잉 껌처럼 누구나 씹었던
소중하지 않으면서도 소중했던
첫사랑이라는 비밀 아닌 비밀.

드러낸 매운 맛보다 가슴에 숨겨 둔
드러나지 않으면서도 드러나는
파릇 알싸한 매운 맛
실파 무침을 봄 입맛으로 씹는다.

# 심심파적

손이 심심하여 왼손주먹을 쥐었다 폈다 하다가
심심한 손가락에 옥반지나 한 번 끼어 볼까
이 생각은 미당 서정주가 살아생전에
옥반지 낀 손을 내보이면서 자랑 비스무리하게
내 눈앞에 대고 어때, 어때 예쁘지 한 것으로서
이 반지 끼고 있으면 저 비취빛 하늘의
신라 천년의 건널목을 지나서
선덕 여왕이 지귀志鬼의 가슴에 올려놓았다는 반지처럼
이 나이에 좀 주착은 없더라도
사랑이 불타오르지 않을까 싶고, 불타서
세상천지가 만산홍엽으로 미칠 것 같은 마음도 들고
아 또 사랑에 미치지 않으면 어떠랴
내가 스승 미당이 하신 일을 심심파적으로
고대로 본떠 흉내 냈듯이
내 뒤에 오는 시인 이 아무개나 장 아무개도
잘 살다 나이 늙어서 더러는 사는 게 하릴없이 되면
심심파적으로 이 짓거리를 해도 괜찮으리.

# 어떤 임종

주인을 몰라보는 개처럼
치매에 걸려
똥인지 된장인지 모르는 그를
하나님은 어디로 가는지 모르게
데려가 버렸다.

우리나라에서
예수 제일 잘 믿으시는 분의
종천.

믿는 것도 다 살아 있을 때
부산 떨며 할 일이지
죽으면 뭐든지 소용없다.

사람 사는 게 다 이렇다.

# 여자 때문에

어느 날 갑자기 내 곁에서 사라진
여자 때문에 인생이 어이없이 깊어졌다.
아이스크림 같은 꿈이 돌 뭉치가 되고
발 못 붙이는 사랑은 뭉게구름이 되어
하늘에 떠 부푼 식빵만 해졌다.
때로 사랑은 세 살 어린이의
손에 쥐어 줘야 아는 물체처럼 실감이다.
미끄덩, 물컹 장어처럼 살로 잡히지 않는 사랑은
지상의 사랑이 아니다.
떠난 여자 때문에 별별 상상력이 많아졌다.
그 상상력이 스티브잡스였으면 좋으련만
이를 아드득 바드득 가는 잡생각들이다.
손아귀에서 자꾸 빠져나가기만 하려하는
사랑의 아쉬운 나날이고
아무리 생각해도
비가 오락가락 하는 변덕스러운 날씨처럼
갈팡질팡 체머리만 흔드는 하루다.

# 영동시인들

태백산맥이 병풍처럼 둘러싸고 있는 영동지방은
속초에서 삼척까지 해변길로는 몇 리쯤일까
그 속에서 시인들은 무슨 인연들이 닿았는지
시를 통해 서로의 아픔을 이해하고 기쁨을 함께 하며
시로써 서로를 위로하고 격려하면서 산다.
이 분들에게 시를 왜 짓느냐고 새삼 묻지를 마라.
그 물음 자체가 부끄러워지나니.
세계가 알아주지 않아도 대한민국이 모른 척하고
다른 지방이 눈 주지 않아도
시는 그저 시나니. 살아가는 나날이나니.
속초시인들은 설악산 바람도 좋지만
강릉 시인들을 만나면 강릉의 그윽한 솔향기를 맡는다.
강릉시인들은 또한 속초까지 가서는
속초시인들이 주는 싱그런 바닷바람을 가슴에 품는다.
강릉에서는 두타산 무릉계곡이 있는 삼척에 초대되어서는
별천지인 듯 삼척시인들이 펼쳐놓은 무릉계곡 물소리 같은,
삼화사 스님의 독경소리 같은 시에 취하여
내 사는 세상이 잠시나마 복사꽃 피는 마음이 된다.
삼척시인들은 강릉에 오면 그림 같은 경포호에 물들고
신사임당이나 허난설헌의

그림이나 시를 그지없이 부러워하기도 하나니.
정철도 관동팔경을 읊은 경개가 그냥 있겠는가.
산이 막혀 오히려 막혀서 나만이 가질 수 있는
영동 사투리와 산과 바다 같은 마음으로 시를 쓰며
시의 함지박을 이고 잔칫집 오가듯이 사는 서로들인데
남이 알아주던 안 알아주던 시에서 뭐 그리 대수이랴.
세계가 대한민국이 아니 타지시인들은 배워야 하리.
시 짓는 마음으로 살려고 하는 것 이외의
더 다른 무엇도 필요치 않은
영동시인들의 타고난 순수함을 배워야 하리.

# 입에 담지 못했던 시

1.
싸워서 이기는 것으로
지탱해온 인류의 역사가
이제 자멸의 길로 들어선 건 아닐까.

국경은 봉쇄되고 문이란 문은
서로 살겠다고 강제로 닫아 걸은,
스스로 출구 없는 죽음의 문으로 만들었다.

비행기는 떠도 기착지가 없으니
고물과 진배없고 승객 두어 명을 싣고 다니던
시내버스도 멀지 않아 힘이 빠져 운행정지 되고
부둣가에 정박된 선박들도
뱃머리를 어디로 두어야할지 몰라 허둥댄다.

스스로 망해 가는데
핵을 가진들 무슨 소용이랴.
죽지 않고 망하지 않으려
만든 무기가 아니더냐.

뭐든 만들어서 쓰고 움직여야 될 것들이
만들자 재고로 쌓이고 기업은 유명무실하고
문전옥답은 있어도 갈 사람이 없구나.

이제 인류는 망하지 않으려고
서로 닫은 문 때문에 자멸할 수 있다는 예감이다.
고작 금연, 금주, 손 씻기로 감염, 전파의
죽음의 비극을 막으려는 나약한 발버둥이 애처롭다.

멀지않은 날을 따질 것 없이 결국 오늘의 문제는
백신을 개발 못하고 이대로라면 지구가 2년을 버티겠는가?
어떻게가 아니라 그저 무기력하게
스스로 닫아걸고 죽어간다는 것만이 해답인가.

2.
하루 7, 8백 명씩 확진환자가 죽어 나가는
이탈리아에서는
죽은 시신을 미처 처리할 수 없어서
관들을 성당에 나열해 놓은 사진을 보았다.
이탈리아 사람들은 이런 참극을 잊기 위해

저녁이면 베란다에 나와 냄비 뚜껑 등속을 치며
노래를 부른다. 죽음을 떨치려는 이 짓거리가
과연 낙천적인 그들의 기질 때문일까.

하루나 이틀쯤은 베란다에서 이웃을 불러
미국 흑인들이 장례식 행렬에서 흑인영가를 부르듯이
춤을 추며 서로를 위로할 수가 있을지 모르겠지만
죽음이 몰고 오는 기세 앞에서는
그만 진이 빠져 주저앉는 꽃이 되리라.

아니다. 내 눈에는 산자들이
마지막 쓰는 악이자 발악이다. 미리미리 다가올
죽음의 의식을 맞이하는 예행연습 같다.

베란다에서의 광란의 연주가 유행을 타면
지구 종말의 마지막 오케스트라로 번져
마침내는 전 세계가 산자들의 너울이 되리라.

오늘의 문제는 한 시대 전의 셰익스피어의
죽느냐 사느냐의 개인 문제가 아니라

인류가 생존할 것인가 아닌가의
지구 종말론으로 치닫고 있다는 예감이다.

불가항력이겠지만 나는 죽을지라도
종말이라는 이름의 파티에는 참가하여
꽹과리 치고 날라리를 부를 수 없다.
털끝만치의 자기위안도 안 되는 불면의 밤이다.
신인가? 정말 신인가??
의지할 싹이 없으니 무엇을 믿겠는가.

# 적폐청산

우리 몸의 때 같은 것 좀 끼어 더럽다고
병적으로 하루 종일 매달려 닦아내는 사람은 없다.
살면서 다른 일하다 생각날 때 닦으면 되는 것이다.

# 정이월 그리고 삼월

1월

댕기머리처럼 길고 긴 칠흑이어도
님 오신 밤이어서 오히려 짧아라.
사랑에 눈이 멀어 천지사방으로
함박 퍼준 먹 눈인 것과 뭐가 다르랴.

2월

새잎 돋고 파릇파릇이 님 오시나
간간 눈이 녹고 애간장 길이 드러난다.
겨우내 장롱 속 꿈꾸던 이불
짧은 햇볕이 혀로 빨듯 너무나 달다.

3월

얼었던 마음도 풀리는 게  따뜻하게 아파라.
누군가 숙면 끝에 깨어나 늘어지게 하품하는 소리.
명실상부한 꽃피는 봄인데 그까짓
겨우내 쌓였던 먼지가 뭐 그리 대수리.

톡톡 털면 그뿐이지. 뵈는 게 뭐든지 가볍구나.
먼 산엔 듬성듬성 아직 잔설이 남았어도
그 잔설 보라는 듯 피는 꽃이어서 더 아름다워라.

# 주문진 항구에서

1.
바다가 뭔지도 모르면서
노상 생선 비린내 같은 초경냄새를 달고 사는
항구의 여자와 사랑을 했다.

사랑보다는 그저 먹고 살기에 바쁜
버리고 싶지만 찰 수도 없는
불쌍한 여자였다. 멀미 나는 사랑이었다.

아니 그물에 아가미가 걸린 꽁치처럼
옴쭉 못하고 눈만 뜨면
부두를 배회하는 젊음이었다.

바다에서는 그럭저럭 살아야 되는 삶은 없다.
튀는 생선 비늘을 뒤집어쓰며
이를 악물며 살아야 한다.

한때는 오징어배를 타고
밤새 집어등 밑에서 멀미에 시달리며
날이 밝아 배가 귀항하기를 기다리기도 했다.

어둠의 바닥에서 해가 떠오르듯
파도가 일어 천지가 뒤집혀져도
여자를 안 버리고 삶을 이으려고
이를 악물기도 했다.

이제 나도 늙어 늘 바다를 향하던 등대불도 꺼지고
만선이 되어 가라앉을 듯 들어오던
여자의 배도 폐항이 되어버렸다.

바다에 고기가 안 잡히면
항구도 바다를 바라보고 사는 거도 다 소용없다.
고기가 잡혀야 흥청거리는 항구가 된다.
여자를 버리고 야반도주했다는 소문도 사라진다.

2.
바다에서는 여자를 버리고
뭍으로 줄행랑 놓으면 놓았지
배 타고 도망갔다는 말은 들어본 적 없다.

바다란 온갖 풍상 다 겪고
이 일 저 일 하다 더는 할 일이 없으면
배운 도둑질이라고
슬그머니 돌아와 다시 배 타고
바다엘 가면 되기 때문이다.

바다는 고등학교 때 조회시간이 되면
노상 불렀던 교가의 한 대목
파도치는 동해를 가슴에 안고
오대양 육대주인 곳이다.

그래서 살다가 셈이 좀 피면
파선된 풍비박산 난 삶이더라도
다시 언제 그랬냐는 듯이 계집도 얻고
못이기는 체 무관심한 체 산다.

파도가 거세 바다에 못나가는 날이면
재어 놓은 쌀가마를 잡혀 투전도 하고
번 돈 몽땅 다 날리면
작부집 목로에 앉아 외상으로 깡술을 까며

스스로 자기로 인해 분노한 가슴을
세상 뒤집어엎듯 성난 파도를 만든다.

화투장 뒤집듯이 어떻게 살던 마찬가지라며
또 바다가 잠잠해지면
빈손 빈 가슴으로 바다가 다 해결해 주듯이
푸른 바다를 가른다.

바다에 살며 주워듣고 배우고 얻은 것은
이런 것뿐이어서 나는 살며
주문진 사람답게 아무리 어려워도
내일이면 파도가 자겠지
기다리는 정신으로 살아왔다.

## 증발하는 죽음

칠십 줄에 들어서면서부터는
떠난다는 것은
늘 죽음에 대한  예감이다.
어둡고 우울한
그림자가 붙어 다닌다.
하지만 생각을 조금 바꿔보라.
그토록 보채쌓던 여편네도
멍에 같던
내 고향  바다에 가서
조개나 주우며 살고 싶다던 여자도
기대려고만 하는 자식들도
이 세상 모든 것
인생이란 때 절은 옷에 묻은
켜켜 묻은 먼지들을
훌훌 털어버리고
꿈에 그리던 아프리카 남단
낯선 외지 같은 데로
한마리가 새가 되어 날아가서
등짐 벗고 한참 쉬는 것이라고
마음먹어 보라

그 증발하는 죽음
또한 괜찮은 것이리.

# 초록나무

바람이 많이 부는 제주에서는
네 것과 내 것이라는 경계로 돌담을 쌓기도 하지만
그 돌담이 바람을 막아주어 농작물을 보호하듯이

우리네 사는 집과 집 사이에는 담이 있어
서로의 경계를 이루며 살아가듯이
사람과 사람 사이에, 아내와 나 사이에,
같은 핏줄이 흐른다는 자식과 나 사이에도
벽 같은 담이 있다.

비록 금이 간 사이처럼 보이는 경계이지만
때로는 그것으로 서로 다른 벽을 쌓고
그 차이로 보다 나은 데로 가기도 하나니.
그 구별을 어찌 나쁘다고만 하랴.

나는 그 모든 경계 사이에 돌 대신
나무를 심고 살고 싶다.

나무들의 뿌리처럼 지상에 터 잡고
초록으로 경계의 담을 만들어

그 잎과 잎 사이로 바람이 소통하게 하고
때로는 다투는 소리조차도 초록 노래가 되는

내 가난한 경계는 한 그루의 나무를 심어
초록으로 흔들리며 살고 싶다.

# 파도

잊고 싶지 않아도 모른 체 잊고 싶은 것이 있고
또 잊은 것들은 쉽사리 떠올리기도 어려운데
그녀가 시집가면서 툭 던지고 간 말
나 늬 눈길 안주니까 다른 남자에게 시집간다.

(그 남자는 원래 남의 사람이란 뜻의
남자他者다. 그도 남자, 나도 남자
어차피 모두가 남자가 아닌가)

눈물 훔치며 말해서인지 뒤돌아서 가는
그녀의 치마폭이 파도처럼 하얗게 뒤집혔다.
그 파도는 인생의 하고많은 파도 중에서도
늙어서도 바다에 가면 아직도 우는 게 보인다.

# 폭설

한 해를 마감하는
증권거래소의 폐장이다.
모든 길은 파묻혀버리고
심심산골처럼
송수신 전파도 잡히지 않는다.
절망이 흰 이를 드러내고
가쁜 숨을 몰아쉰다.
죽어라, 죽어버려라.
햇솜 같은 눈송이들이
갑자기 주먹으로 쾅쾅 친다.
가슴이 텅 빈 폐가의 문 두 짝처럼
눈보라 칠 때마다 덜컹덜컹 울린다.
배불뚝이처럼 풍선만 불어온
거덜 난 인생. 허공에서
폭락하며 떨어지는
눈사태다, 풍비박산이다.
절망의 살점 뚝뚝 떨어져
마침내 마디마다 흰 뼈를 드러낸다.
이제야
차디찬 이마를 땅에 대고
기약 없는 신을 찾고 싶다.

# 2부 어머니의 약손

# 개미

망우리 아버님 묘에서부터
평촌 내 집까지
개미 한 마리가 따라 왔다.
한국전쟁 때
어디 가던 팔팔한 힘 있으니
막일해서라도 굶어 죽겠느냐며
선뜻 식솔들을 이끌고
피난길 나서던 아버지와
아끼던 살림살이 다 놔두고
자식들 입에 풀칠하겠다고
물감상자 하나만 들고 일어서던
어머니가 떠올랐다.
그래 개미야
너도 집 찾아가기는 글렀지만
우리 아버지 어머니처럼
이역 수천만 리 낯설어도
천성이 부지런하니까
어디서든
하루하루 사는 것은 걱정 없겠지.

# 결혼사진

세상이 변했다.
변해도 너무 변한 것은
나만 아니라
세상 사람이 다 알지만
할 말 없이 변했다.

여자 제자의 결혼식
주례를 섰다.
기념으로 결혼식
사진을 가져왔다.

그 사진 속의 한 장은
바로 보면 멀쩡한데
조금 비켜보면
신부의 비너스 같은
알몸이 그대로 드러났다.

좋긴 좋은데
이 사진 신혼부부 둘만이
보는 것이 아니라

늙으신 친정부모 시부모
다 갖다 드렸겠지.

이 사진도
아무나 찍는 게 아니고
몸매에 자신 있는
사람만이 찍는다고
양가집 부모에게
자랑하며 드렸겠지.

정말 세상이
아찔하게 변했다.

# 고속도로 휴게소 화장실

1.
내 눈에는 세계에서
우리나라 휴게소 화장실만큼 시대에 적응해
빨리 변하는 것이 없는 것 같다.

한때 선진국이었던 유럽의
지린내 천지인 화장실들이
얼굴 붉히며 예 와서 배울 일.

계절 따라 히터, 에어컨은 물론이고
어떤 휴게소에는
만국용으로 외국어도 곁들였으면 더 좋을
'옷 갈아입는 방'까지 있다.

거기다 학교에는 교훈, 집에는 가훈 있듯이
소변기 앞앞에는
눈높이의 작은 액자에 좋은 말씀들이 있어서

탄천 휴게소의 소변기 앞 아인슈타인의 말씀.
성공한 사람이 되기보다는

가치 있는 사람이 되라.

그 말씀을 읽고 오줌 누는 새에
내 머리에 떠오른 즉흥은
오줌을 참는 사람이 되기보다는
오줌을 싸는 사람이 되라.

2.
화장실에 들어가면
그림도 걸려 있고 음악도 흐른다.
소변을 누면 즉석에서 건강검진도 된다.
오늘아침 뉴스에는
분명 자기돈 들여 온 사람들은 아닐 텐데
아프리카, 동남아 사람들을 불러
우리 화장실을 무슨 구경거리처럼 보게도 한다.

뿐만 아니다.
국내에서는 한때 텔레비전의 프로
누가누가 잘하나 식 대회도 연다.
이름이 화장실 경진대회다.

〉

깨끗한 것은 좋지만 과유불급이라
너무 지나치면 모자라는 것보다 못하지 않을까
세계에서 첫손 꼽는 인천 국제공항 화장실보다
훨씬 더 깨끗한 고속도로 화장실.
나쁠 것은 없지만 너무 장식용으로
꽃밭처럼 가꾸는 느낌을 지울 수가 없다.

우선 화장실이 무엇을 하는 곳인지
그것부터 알았으면 한다.
밀어내기 한 판의 똥이나 오줌을 깔기는 곳이다.
너무 너무 나가다 보면 집보다 좋아
생면부지의 남녀가 서로 눈 맞아
즉석 불고기로 벌거벗고 뭐할지도 모른다.
아니 화장실 한 옆에
뭐하러 가는 방이 붙을지도 모른다.

# 고요의 무게

우렁 각시처럼 아내가 왔는지
부엌에서 그릇들이 덜그럭거리는
소리가 들린다.

저승 간 아내는 그 먼 곳에서 올 리는 없고
어느 논두렁길에서
이 늙은 홀아비와 눈 맞춘 과부가 왔나.

혼자 해서 먹기가 죽기보다 싫은 밥
그 밥 동무라도 정답게 하려고 왔나.
그보다는, 그보다는 무엇보다
고요 아닌 고요를 깨뜨린 것이 반가워
부엌으로 가보면 아무도 없다.

세간들도 멀쩡하게 그대로다.
혼자 사는 이 정적일순의 고요의 무게를
나 아니더라도 누가 감당할 것인가.

하다못해
창문을 흔들며 지나는 바람소리도 반가운

차라리 나도 머리 풀고
저 바람이나 되었으면 하는
이 미친 고요를 누가 감당할 것인가.

# 고향

가끔 고향이 어디냐고 묻는 이 있으면
주문진, 강릉이라고 답한다.
내게는 주문진이나 강릉이나 강릉, 주문진이나
별반 차이가 없는 그게 그거다.
윗마을 아랫마을 같거나
아니면 큰 형님 댁에 문안 가거나
손아래 동생 집에 안부 엿보러 가는 지척이다,
가령 촌수로는 사촌쯤 되는 사내가
강릉 경포대 솔밭에서 연애를 하여
사내애를 얻었다거나
주문진 등대 아래서 이웃집 언년이가
타지 사내와 눈이 맞아 야반도주하였다 해도
한 귀로 듣고 다른 귀로 흘리고 마는
살다보면 그럴 수 있는
다 바람의 한통속 집안 같기 때문이다.
그래서 파도가 밀려와서 뒤집히듯
주문진에서는 날마다 새로운 얘깃거리를
흘렸다 말끔히 쓸어가고
강릉의 솔밭에서는 그 옹이처럼 야무진 소문도
맑은 솔바람으로 걸려서

가슴에 오래도록 담아두지 않고
풍문으로 흘리는 것이다.
강릉이나 주문진 사람들은
남세스러운 일이 생기면 한 집안일이겠거니
서로 위로하고 감싸며 이웃사촌처럼 사는 것이다.
강릉이나 주문진 사람들은
사는 바닥으로 따지면 다 같은 고향사람들이다.

# 고향바다

씻어도, 씻어도 가시지 않는
코에 달고 다닌 생선 비린내가 싫어
젊어서 떠난 고향바다다.

해종일 항구 밖을 떠날 줄 모르며
끼룩끼룩 헤매는 갈매기 신세가 될까봐
등대 밑에서 계집을 꾀어
야밤에 바다를 버리고 떠난 고향이다.

세상 모진 풍파 속에서도 계집만 있으면
의지가지하며 살 것 같았다.
하긴 그렇게 살았다. 내일 모레 글피하며 살았다.

버리고 떠난 바다가 힘이 되어줄 줄
누가 알았으랴. 언제 어디서나 말끝마다
고향바다를 파는 뱃놈티를 내며 끈질기게 살긴 살았다.

바다의 비린내가 인생의 참이라는 것을
깨달을 나이 쯤 되어
나는 바다를 잃듯이 또 하나의 고향을 잃었다.

세상 그 어디에도 팔아먹을 수도 없고
팔아서도 절대 안 되는 바다,
아내를 하나님에게 그냥 주고 말았다.

이제 나는 늙고 힘이 빠지고
내가 버린 고향에 가고 싶어도 갈 수가 없다.
아내가 없는데 무슨 면목으로
가서 살아온 옛이야기를 바다에게 할 수 있으랴.

또 풍문으로 나돌고 떠도는 내 귀향소문에
비위가 상한 파도도 백지장 얼굴로 게우고 있다.
선인先人들의 말씀대로 산천은 의구한데
어느새 고향도 바다도 아내마저 나는 빈손이구나.

# 구면舊面 운주사 와불

구름 속에 사시던 부처님들이
이 땅에 내려와 현신하셨다는
천불 천탑 운주사.

부처님들도 내려오시는 동안
속세에 적응하려 하셨는지
하나 같이 우리네 모습을 닮은 민중불民衆佛이었다.
부처 몸이 나이고 내 몸이 부처가 되어 있었다.

그중 하늘과 제일 가까운 터에
신방을 차리신 와불 한 쌍은
나와는 십 수 년 전에 뵈며 낯익힌 사이여서
서로 눈인사라도 할 법한데 시침 뚝 떼고 계시었다.

부처님의 하룻밤 신혼치례 잠자리가
우리 가늠의 속세 시간으로는 수천만이어선지
예나 지금이나 누워 계시었다.

달라진 거라고는 부처님도 부끄러움을 아시는지
얼굴만 가리면 세상 부끄러운 것이 다 가려지는지

다복솔 병풍으로 얼굴을 가리시고 누워 계시었다.

부처님, 부처님
날 아니 부끄러워하시면
염화미소의 꽃을 꺾어 드리오리다.

# 그리움

햇빛이 스며드는 투명한 바닷물 속에 잠수하여
숨이 차올라 그 고요를 더는 견디지 못하고
물 밖 세상으로 뛰쳐나가고 싶은 적이 있었습니다.
깊은 산골 작은 암자에 아무도 모르게 찾아들어
스님도 아닌데 세상과 담을 쌓고 살은 적도 있습니다.
그러면서 나는 그리움을 배웠습니다.
그리움이란 내가 소식줄 끊고 오리무중인 것도
누구에게는 보고픈 그리움이겠지만
내가 물에서는 잠수 하듯이
산에서는 스님처럼 속세 인연 끊고 도 닦듯이 견디며
안에서 밖으로, 밖에서 안으로
그리운 것들을 그리워하자*며 마음의 길을
하루에도 수천만 번씩 내는 것이기도 하지만
그런 것 아니더라도 옥살이 하는 춘향이가
일자무소식의 이도령을 오매불망 그리는 것이겠지요.
하지만 내게 있어서는 그리움이란
멀어서 더 그리운 것도 아니요
지척이어서 그립지 않은 것도 아닌
그리움하면 흔히들 손꼽는 사랑 때문만도 아닌
내가 살았던 세상잡사 사소한 인연까지도 떠올리며

잠 아니 오는 깊은 밤이면
바람소리 따라 흘러가는 다 때 묻은
이 사소한 일상들도
어쩔 수 없는 간절한 그리움일 때가 있습니다.

* 서정주의 '푸르른 날'에서.

# 내일 모래면 여든

금시 반짝 빛나던 밝은 햇빛들
이내 고개만 돌려도 깜깜해진다.
반짝 깜박 하던 일상이 깜박 쪽으로 더 많이 기운다.
제일 겁나는 건 여자를 만나는 일이다.
아무 여자나 여자만 보면 붙잡고
사랑한다고 반짝 해놓고
금시 이 여자에게 무슨 말을 했는지 먹통이 되거나
생판 남 보듯이 이 여자 누군지도
깜박이 아니라 아주, 아주 깜깜해지는 일.
내 나이 한두 발짝 문밖만 나서면
잊으려 해도 잊히지 않아 괴롭던 세월도 가고
무엇이던지 다 캄캄하게 지워져버린
잊는 거 안 잊히는 세월보다 더 무서운 여든.
혼자 사는 몸 궁금해 여자들 살아줄까
문 열고 삐죽 고개를 들이밀고 기웃거리다가도
송장 치를 일 있냐며 냉큼 돌아서는 여든.
아무리 백세시대라 말만 그럴듯하게 시끄러워도
말짱 도루묵인 여든.

# 들국화

옛날에, 먹먹하게
무성영화 필름 같이 흐르는
아주 옛날에 하직한
아내의 향기가 들국화에서
여직도 난다.
늙으면 향기도
지나간 추억으로 맡는다.
가을바람이
쓴 소주 딱 한 잔 비우듯
쓰리게 가슴을 긋는다.

# 문밖 한 발짝만 나서면

2017년 세밑에 다가오는 새해가
개띠 해인 줄 꿈에도 모르고
동태 대가리를 푹 삶아서 개도 먹고 나도 같이 먹은
개밥이란 시를 어느 잡지에 발표했었다.
그날부터 문밖 한 발짝만 나서도 개소리 천지여서
밤에 통 잠을 이룰 수가 없었다.
그 멍멍이 소리 속에는 참 희한하게도
동리의 소설 사반의 십자가나
목월의 경상도 가랑잎 시 토막도 끼어 있었다.
나 같은 제자의 시를 후생後生이 가외可畏라 한
미당의 한 말씀도 있었다.
이 세상에는 시시비비 개소리가 너무 많다.
아주 높은 청기와 집에서
적폐청산 도둑 잡는 소리인지
멀쩡한 사람 옭아매는 비명인지 내 귀까지 오는가 하면
날아든 한 외신은 개를 죽인 어른을 한 소녀가
개처럼 살해했다는 충격적인 소리도 울려왔다.
사람은 사람 개는 개가 아닌가.
새소린 줄 개소린 줄 모르고 갈긴 내 시 같다.
하지만 오늘은 무술년 개띠 새해

야밤에 도둑 잡는 소리는 개 짓는 소리
내 시의 오래 묵은 적폐 잡는 소리는 내 소리
개소리를 베개 삼아
정말 사람다운 사람소리도 한 번 내 봐야겠다.

# 생일

3월 6일은
죽은 아내의
지상地上에서의
생일.

6월 11일은
이승의 삶 마감하고
새롭게
저승 살이 눈떠 시작한
생일.

아내여
저승에서는
누가 차려 주는지 모르니
이승의 제사상을
생일상으로 받아라.

# 송기松肌

여든 가까운 나이쯤 살았으면 잊힐 법도 한데
초록잎 돋는 봄이면
아직도 새록새록 솟아오르는 말. 송기.

이런 말 나만 알고 있는지,
하도 어릴 적 먹었던 일이라 정말 있을까?
사전을 뒤적이니 송기떡, 송기죽이랑 같이 있다.

송기떡, 송기죽 단어에
나도 모르게 피씩 웃어버렸다.
궁기든 사람에게 무슨 떡?
그건 있는 사람끼리 맛으로 먹는 호사가 아닌가.

누가 가르쳐 준 것도 아닌데
나는 하늘이 노래지는 봄이면 뒷산에 올라
굶주린 허기를 가셔보려고 송기를 갉아먹었다.

어린 솔 껍풀이 벗겨지고
뼈마디가 드러나도록 속살 발리는 아픔.
사람이 할 짓이 아닌 줄 알면서도 저질렀던

〉

송기를 뜯다 맥이 풀리어 쓰러져 하늘을 보면
참 희한하게도 언제 쌕쌕이가 지나며 흘리었는지
굶주린 내 창자 같이 꿈틀꿈틀 피어오르는
한 줄기 흰 구름. 그 어찔한 비행운飛行雲.

울려고 해도 힘이 없어 마른 눈물만 피는 봄날에
피란살이 와 익힌 경상도 사투리로
어무이 배 고푸요.
겨우 겨우 내뱉는 그 말 한마디가
먹어도 먹은 것 같지 않은 송기와 같았다.

# 시

내 나이 일흔 하고도 아홉
귀 빠진 날 아침에 받은 두 장의
축하 카드.

지상에서는 늘 가난한 식솔들의 일용할
따뜻한 마유주가 되었듯이
그대는 죽어서도 그리 살아라.

이 세상 물 먹지 않은 이 어디 있으랴
그 물로 그대는 살리라.

고향의 동해바다를 묘자리로 쓴
아내를 그리워하는
내 시를 써서 보낸 아들과

내 인생처럼 늙마에 들어온
수반의 토막 난 행운목 한 쌍.
왜 행운목이라 부르는지 모르지만
잘 키워서 그 꽃향기 맡을 때까지 살아야지

이별했으면서도 내 시를 적어서
일구월심으로
내 생일까지도 잊지 않고 장수를 비는 여자.

조각구름 같은 내 시의 편린에도
그런 간절함이 고맙게도 들었나보다.

# 신新정읍사

어이 쟁반 같이 둥글고 높은 달은
정읍에만 뜨며
임 기다리는 아낙은 정읍에만 있다더냐.
불문하고 달은 어디서나 솟지만
달 보면 임 생각 더 나는 건 세상 이치다.
고향으로 가는 고속도로 대관령 휴게소에
햄버거만 한 두툼한 인심의 달이 떴다.
달아 빨리 가자. 이 영마루만 넘으면
울바자 그늘진 곳에서 남이 볼세라
임 마중으로 뒷물 처리도 살짝 하고요
학수고대로 이제나 저제나 고개를 빼고 있는
맨발에 치맛바람 일으키며 내닫을 아내가 있다.
하룻밤이면 만리성도 쌓는다 하였으니
타향살이 설움도 썰물로 민물로 살 맞비비며
몸도 마음도 다 아픈 눈물 나는 사연들을 풀어줄
물정 어둔 촌 댁 같은 달덩이의 마누라가 있다.
세상잡사를 화등잔처럼 밝히는 달보다도
더 멀리 발 돋움하고 기다리는 일편단심이 있다.

# 씨 간장

다시 태어난다면
어느 고풍스런 먹기와집 뒤뜰에서
남도의 바닥민심 같은 질퍽한 개펄과
빛살 속을 오르락내리락 하며 세월을 잘 삭혀온
씨 간장 같은 여자와 살고 싶다.

간장 하나에도 자자손손 대를 이으며
가풍이라는 것들 진하게 잘 삭혀온
맛깔스런 여자와
입 맞추며 징하게 살고 싶다.

강원도 나룻가에서 자라온 내가
가당찮게 내자들의 은밀한 뒷마당
그들만의 짭조름한 손맛을 어이 알리.

장독대 근처에는
맨드라미 두어 송이 심어놓고
임자 여보시게 부르는
정이 배인 간장물빛도 유심한 무심이고 싶다.

어디선가  수탉이 꼭기요 목을 높이면
부창부수처럼
꼭고요 꽂고요 암상 피우는 암탉이여.

팔도 잡것으로 이 여자 저 여자와 말 섞고
살 비비며 산전수전 온갖 풍상
다 겪으며 살아본 후에 물밀듯 찾아오는
이 씨간장 같은 목마름을 어이하리.

그렇더라도 그런 전라도 여자와
살 풀며 살고프다. 살, 고프다.

# 씻어내는 것에 대하여

살아가면서
굳이 믿는 것이 있어야
죽어 좋은 데로 가나요.

조석으로
아내가 부엌에서
그릇 등속을 씻어내는
그 무심을 보며
도통했구나 할 때가 많아요.

음식 찌꺼기를 씻어내는 일도
뭔가를 믿어 마음의 때를
말끔히 지우는 것과 다름없어 보여요.

어디 그뿐인가요.

때 절은 옷가지 등속을 빨아
물기 낀 옷을 탁탁 털어 널어서
한 점 부끄러움 없이
푸른 하늘에 펼치는 시원함이란

아내는 이런 일상이 하나님이나
부처님 곁에 가는 것처럼
끝없이 마음이 정갈해진다고 해요.

누가 가르쳐주지 않아도
사는 것에 성속聖俗이 따로 없던 아내
나 그녀 따라 세상
단풍 물들듯 살아왔는데

어깨 너머 등 너머로
어림짐작으로 살아 왔는데
이제 그녀마저 없으니 어디 가서
마음공부 시늉이라도 낼까요.

# 아내는 아직도 저승길을 가고 있는 중이다

올해로 12년째다. 참 오래 멀리도 간다.
내가 좇아올까봐. 한 번 가면 다시 못 올 서역 삼만 리
아내는 어이하여 대구말구 자꾸 가고만 있는 것일까.
이승 문밖 나서면 그저 허방다리
아내 눈에만 뵈는 길이 있어 동자 없는 눈으로 가는 걸까.
이승에서는 내가 다른 여자 보아도 그저 못 본 체
멀쩡한 눈도 잘 감아주더니만
그 눈 감지 못하고 뜬눈인 채 저승길 가고 있는 중일까?
슬프다. 봄이 오고 길에는 황사바람 부는데,
슬프다. 길에는 봄이 가도 미세먼지 숨 막히는데
나는 그저 아내의 저 멀리 가고 있는
보일 듯 말 듯한 뒷모습만 아련히 지켜볼 뿐이다.
아내의 앞모습은 12년 새에 어떻게 변했는지?
아무리 마음으로만 보아온 것이지만
마음으로 보면 더 쉬이 보일 텐데 한 번도 본 적이 없다.
아내가 앞모습을 안 보여주는 것은 얼굴이
무슨 짐승으로 변해 가고 있는 중인지도 모른다.
무섭다. 여자가 한 품으면 오뉴월에도 서리가 내려
이승에서 풀 일 저승까지 끌고 가서 하는 것일까.
얼굴이 짐승으로 변해지면 그들 짐승끼리 짝 맞춰 살려고

지금도 탈바꿈하며 가고 있는 중인지 모른다.
나는 이미 때를 놓치고 틀렸다. 이제 저승문 들어서
아내를 따라잡자 해도 너무 멀리 떨어져 있다.
그런데 어이 용서를 빌고 이승처럼 살자 하랴.
마음은 간절해도 변신한 아내 얼굴처럼 닮아
무슨 짐승의 나라로 갈 수도 없다.
길이란 아무리 진달래 꽃비 온다 해도
죽으나 사나 어찌 할 수 없는 길이 있다.
아내는 12년째 뒤도 안 보고 저승길을 가는 중이다.

# 야심한 사랑

봄이면 겨우내 새끼 밴 짐승들
쑥 쑥 초록잎 돋듯 몸 풀고
이 땅의 어느 향리에서는 꽃이 피는 것도
임 보듯이 꽃이 온다고 은근히 속삭였느니.
어디 싹눈 틔는 것 미물들뿐이랴.
아지랑이 햇살 속에
냇물은 갓난애 젖 빨듯이 졸졸 흐르고
사랑 때문이라면 사랑 때문이라면
나도 목이 타도록 할딱이는 숨결로
심봉사처럼 눈 떠서 대명천지 한 세상 보고 싶으이.
눈멀어서 뺑덕어멈에게 하듯이
수시로 시도 때도 없이
아내에게 세상 물정 모르고 했던 약속
살아서는 알함브라 궁전을 죽으면 타지마할을
보란 듯이 떠억 장만해 주고 싶으이.
그러나 눈이란 간절한 바람대로 그렇게 잘 떠지랴.
소경처럼 자기 눈 일생 못 뜨는 줄 알면서
하는 약속들 얼마나 많으랴. 하지만 스스로 살피건대
미천하고 미천한 신분이지만
어디든 간절하고 애틋한 마음이 있으면

이 사랑에 천지신명도 어찌 감복치 않으리.
눈 뜬 밤에 다시 사랑에 캄캄 봉사되어
야삼경 정인情人과 둘이서 도둑고양이처럼
나지막한 담장 밑을 걷는 것도 좋지 않으랴.
혜원의 그림 한 폭처럼 야심하니
사랑 또한 은밀히 더 깊지 않으랴.

# 어찌합니까?

아버지, 제 나이 어느새 여든입니다.
열 살 무렵 당신의 손에 이끌려 피란 와
여태도록 통일이 왔으면 좋겠다는 실감도 없이
분단된 남녘하늘 아래에서
아무 불편 없이 살고 있습니다.
돈이 안 되는 시만 쓰며 살았습니다.
며칠 전 삼일절 행사에서 이 땅의 어른이
일제의 잔재라고
빨갱이란 말을 쓰지 말자는 말을 들었습니다,
이제껏 이 말도 있는지 없는지 살았습니다.
한반도 다른 쪽에 사는 동포들을 만나고 오신
높으신 분의 말씀이라 믿어야겠는데…
통일이고 뭐고 그 말씀하신 빨갱이가
내 어릴 때 겪은 아직도 하나도 변하지 않은
빨갱이면 어찌합니까.
좌, 우 간판 걸고 싸움박질 해대는
죽기 살기 식 색깔논쟁이 더 무섭습니다.

# 온양온천

다른 늙은이들이 그러하듯이 유행처럼
하늘이 편안한 천안을 지나
어머니의 가슴인양 땅이 따뜻한 온양을 거쳐
신창까지의 전철을 우리 부부도 자주 탔다.
내 고향은 사연 많게도 강원도이지만
아버지는 온양 인이기 때문이었다.

일생 어떻게 살았는지도 모르게
먹은 밥 간신히 체하지 않을 정도로
황급히 살아온 내가
늙마에는 좀 여유를 갖고 지내보자고
그랬시이유 저랬시이유 하는
그 느려터진 충청도 사투리처럼 살아보자고
전철을 타는 것인데 늙어
그 전철이 공짜인 재미 또한 빠뜨릴 수 없다.

온양하면 온천 옛날 우리부부 신혼여행 왔던 곳.
독탕에 들어 사는 날까지 오래오래
서로의 때를 밀어주며 살 섞고 살자던 곳.

온양에 가면 우리 내외 늘 신혼이 되어
온천탕엘 들러 찌들고 절은 인생의 때를 벗기듯
햇살 같은 얼굴이 되도록 말끔히 씻고
다음에는 서로 부축하지 않으면 못 살아 왔을 삶
그 모자람에 감사하듯이 손을 잡고 시장에 가서
목로에 앉아 따끈한 장터국밥을 먹는다.
아 둘이서 이런 평범한 행복을 누리려고
우리 내외는 오래 늙도록 살았구나 하는 기쁨이여.
큰 것보다 이 작은 것에의 행복이 얼마나 고마운가.

사람 붐비는 좁은 시장통 골목을 지나며
아내는 자기 나이도 잊고 어머니 생각을 하며
노점의 할매에게 봄나물을 사거나
진짜 도토리묵집도 알아서 한 점 내 입에 넣어주는
아내의 따시한 마음도 읽기도 하나니.
나는 이럴 때면 막걸리 한 잔에도 얼큰해져
장터 골목길을 빠져나오며
천안 삼거리 홍타령이
능수나 버들처럼 어깨에 걸리었다.

# 첫눈

이제는,
간절한 이 있어
가슴속에 싹틔울 그리움도 없는

일흔을 넘긴 세월의 행보인데도
왜? 해마다
겨울이 되면 첫눈이 기다려질까.

다시 어른아이 되어
"와! 눈꽃 피었다, 하얗게 피었다" 소리 지르며
그저 손뼉을 치고 싶은 걸까.

첫눈이 오는 날이면
사랑하는 사람과 겨울바다엘 가
하염없이 서 있고 싶을까.

그대와 함께라면
'죽어도 좋아'
보드카 같은 투명한 순수.
눈은 내리는데

해마다 인사불성,
오는 눈에 너무 취하지 말라고
정신 차리라고

영동고속도로 길 옆
표지판에도
'첫눈조심'이라고 씌어 있었다.

# 치매

넋이 나가면 천지사방 구분 못할 캄캄 먹구름 속
너무 평범하게 살아서 기인기행이라도 하고 싶으셨나.
뭐가 뭔지 모를 이상한 짓거리는 마치 난해시難解詩 같다.
그러다 넋이 돌아오면 구름 속 잠깐 비치는 햇살.
어린애 같이 요양원보다 자꾸 집에 가고 싶다고 칭얼댄다.
나잇살이나 먹으니 남의 일 같지 않아 보이는 저 짓거리.
죽을 병 다 걸리더라도 저 병만은 피해가고 싶은 심정이지만
약도 없으니 어찌하나 지푸라기라도 잡고 싶은 심정.
나는 평생 난해시는 한 편도 안 썼으니 치매는 안 걸리겠지.

# 칠십하고도 백일

칠십이 되니까
자식들이 목숨 부지해온 감사라고
잔치를 차려준다고 한다.

나는 마누라나 자식들과도
상관없이
내 인생 어떻게 기념할까 궁리했다.

그래 칠십하고도 백일에는
사진을 찍는 거다.
세월을 새롭게 산다는 의미로
어릴 때 부모님이 찍어준
백일기념 사진처럼

홀딱 벗고 거실 소파에 앉아
늙어 축 늘어진 물건이
잘 보이도록 가랑이를 벌리고
칠십하고도 백일 사진을 찍는 거다.

늙어 자식들 보기에

주책 망령스럽다고 마누라는
손사래 짓이지만
뭐가 상관이랴.

어릴 때 뽐내던 물건
늙어서 못 자랑하랴.

늙은이나 어린애는
그래서 같다고 했던가.
사람 사는 거
이래서 즐겁지 않은가.

# 태풍 링링

뉴스를 진행하는 아나운서의
안전모가 벗겨져 훌렁 날아가고

과수원에서는 낙과들이
단 며칠의 생애를 점칠 수 없어
달콤한 꿈으로 잘 영글어가던
한 생애를 접고 툭툭 떨어진다.

이 어찌 할 수없는 조물주의 장난에
망연자실한 주인은 늘 신에게 감사했던
모든 기도를 낙과보다 더 아프게 거둔다.

가로수들도 태풍이 불 때마다
짙푸른 초록잎으로 온 힘을 다해
나누고, 나누고 또 분산시키다
더는 견디지 못해 뿌리를 드러내며
장렬히 쓰러진다.

그 밑에서 아닌 밤중에 홍두깨처럼
날벼락을 맞고 무참히 박살난 자가용.

다행히 인명피해는 없지만
행과 불행은 아무도 예측할 수 없는
조물주의 장난인지

바람을 피해 집으로 들어가던
자가용 주인은 아파트 한쪽 벽이 무너져
결국은 비명횡사하고 말았다.

그렇더라도 사람들은 시간이 지나면
태풍이 소멸될 것을 누구나 알고 있어
죽을 때 죽더러도 할 일은 하고 산다.
그것이 사람이다.

추석 가까운 날에
20층 아파트에 사는 80 노인에게
링링이 떨군 선물인지
초인종도 없이 문 앞에 배달된 한우 한 상자.

# 태풍 종다리, 야기

오키나와로부터 올라오는
종다리는 더위를 몰고 다니다
무슨 심술이 났는지
우리나라 하늘에다 몽땅 밀어놓고 사라지고
또 발생한 태풍 야기는 서해안으로 북상하며
이번에는 체증처럼 얹혀 있는 더위를
말끔히 밀어내기를 학수고대 했는데
야속하게도 중국 쪽으로 빠지면서
설상가상으로 오히려 더위를 나무꾼처럼
한 짐 가득 내려놓고 사라졌다.
여름이면 등욕 하는 것처럼
한 줄기 시원히 퍼붓던 소나기도
가뭄에 콩 나듯이 하고
어쩌다 와 쏟아져도 무더위 때문에
습기로 더 끈적거리고 후텁지근하다.
소소곡절 다 말 못해도 내 팔십 평생 오죽했으면
비지땀을 흘리면서 더위 때문에 죽겠다고
비명 지르기도 했을까.
집이 물에 잠기건 말건
세간이 다 박살이 나는 건 생각은 안하고

나뿐 아니라 국민 모두가
태풍이 무서운 건 둘째로 염두에도 없고
제발 좀 우리나라를 관통하여
더위를 말끔히 씻어가기를 바라는 소리를 내는 걸
살다 살다 난생 처음 듣는다.
무슨 텔레비전 변비약 광고처럼 이번에야말로
태풍아 좀 나와!

# 풍경

경기가 불경기다 보니까
차마 세월 좋다고 하기가 어렵고
남산 꼭대기나 올라 서울 경치를 내려다보며
옛날 투로 한양호일漢陽好日이구나 하고 싶어도

금강산도 식후경이라

아무리 아름다운 풍경이라도
사람들이 좋다고 저절로 우러나
탄성을 질러야만
그 가치가 빛나지 않겠는가.

# 흔들다리

큰 강 위로 흔들다리가 놓여졌다.
흐르는 강물도 출렁이고
건너는 사람도 춤을 춘다.
엄마 무서워라!
천 길 만 길 벼랑길
끊어졌던 사랑줄을 다시 잇듯이
우리 내외 손 꼭 잡고
서로 서로의 믿음 하나로
흔들다리 아닌 인생다리를 건넌다.

# 어머니의 약손

외지에서 의지가지도 없이 떠돌다 병들어
죽을 것 같은 신음으로 어머니를 부르는 것은
짐승도 죽을 때가 되면 고향 쪽으로
머리를 두는 것과 별반 다르지 않은 회귀본능이다.
어머니의 품속에서 태어나 살다 죽으면
어머니의 자궁 모양의 옹관甕棺에 눕는 것은
짐승이나 사람이 별반 다르지 않은
수구초심首丘初心이 있기 때문이다.
고향에는 내 마음속 고향에는
죽어서도 살아 계시는 어머니가 있다.
어머니라고 부르기만 해도 신통하게도
무슨 병이든 한 반쯤은 낫는
만병통치약의 어머니가 있다.
무슨 큰 죄 지은 것도 없는데
정화수 떠놓고 가족들 안위를 그저 빌고 빌던
그 손으로 자식들 배탈이라도 나면
내 손이 약손이다 하며 배를 문지르던
세상에서 가장 간절하고
따뜻한 지극정성의 어머니의 약손이
내 마음에 아직도 그립게 있다.

여적

# 구원救援으로서의 시

예전에 읽었던 시집 중에 백석 시인의 『사슴』이 있었다.

시집에는 사슴을 소재로 한 시가 한 편도 없었는데, 시집 제목은 사슴이어서 왜 굳이 사슴이란 제목을 달았을까? 한참을 생각해 본 적이 있었다.

이처럼 나도 시집 제목을 엉뚱하게 붙였다. 시집 제목을 『시학교수』라고 하였지만 시집 속에 '시학교수'라는 시는 없다. 나는 명색이 시인이라고 크게 내세울 작품도 없고 시학교수도 아니다. 아리스토텔레스의 『시학詩學』이란 고전은 옛날에 읽은 적이 있다. 단기를 쓰던 시절에 출간된 손명현 역 박영문고 본은 지금도 내 책상 위에서 잠자고 있다. 참 재미없는 책이고 고리타분한 책이다.

그래서 나는 이번의 내 시집 제목에 '시학'이라는 이름을 그냥 갖다 붙여보기로 한다.

교수라니, 내가 시를 가지고 누굴 가르치며, 또 가르친다고 누가 배우러 오겠는가. 누굴 가르친다는 것은 타고난 팔자가 있는 사람들의 길이요 사명이 될 수 있다. 솔직히 나는 늘 시를 쓰는 과정에 있는 사람이고 시와 더불어 같이 즐겨 얘기하는 인간일 뿐이다.

'지은이에게' 1, 2에서 너무 자기 자신을 비하한 것, 또는 허위의식은 아닌지 라는 지적도 있었으나 그렇지 않다. 시는 나를 나답게, 사람 냄새가 나는 인간답게 만들어 주는 부모 같은, 스승 같은 것이었다. 구원救援의 시학이랄까, 시를 쓰면서 시답게 살아야겠다고 늘 자신을 되돌아보며 왔다. 그래서 오늘의 내가 이나마도 있을 터이다. 어느 때인가 나의 시사詩師였던 미당 서정주에게 문단에 늦게 발 딛은 것을 좀 섭섭한 어조로 털어놓았을 때 하신 말씀 "자네가 내 밑에서 이만큼 단련했으니까 오늘이 있는 줄 알게"와 일맥상통해 있다.

시집 제목으로 『시학교수』를 떠나 『대학교수』라면 어떤가. 더 우습지 않은가. 대학교수라는 것은 시학교수보다 더 코미디다. 내가 대학에 발을 딛기 전에 학교에서 밥술이나 얻을까 할 무렵 어떤 준엄한 교수는, 대학은 학문하는 곳이지 시 나부랭이나 쓰는 곳이 아니니 시를 쓰지 말라고 언질을 준 적이 있다. 교수의 하는 일이 정작 시인 작가 등의 작품을 기반으로 분석하고 연구하는 것이 주업이면서 말이다. 그보다 더 유감인 것은 자기 전공분야에 몰두하던 그 교수 학자님들이 대학 강단을 떠나고는 학문의 '학'자도 입에 담지 않고 지내는 걸 흔히 보는 것이다. 학문의 길에 진정한 완성의 경지나 유통 기한이 따로 있을 수 없듯이 문학예술, 시의 길도 그렇지 않을까.

외골수로 살아온 삶이란 누가 알아주건 안 알아주건 자기가 하던 일을 꾸준히 걸어가는 것이 아닐까. 우리들이 하는 수만 가지 일 중에서 자기에게 밥줄이 되어주고 죽는 날까지 소망이 되어주고 기도가 되어 주는 그 무엇을 가지고 있다면 나는 그것이 학문이고 종교라고 믿는 사람이다. 그런 면에서 시는 나의 살아가는 푸념이고 때로는 간절한 염원이고 사랑이었으며, 슬픔이고 고백이었다. 시학이고 종교였다.

대학을 물러나면서 나 자신을 위해서 작품을 열심히 써왔다. 그 한편에는 다른 이유도 있었다. 나에게 시 수업을 들으며, 시에 눈 뜨고 꿈꾸며, 창조하고 공유하고자 했던 학생들에게 부끄럽지 않은 '선생'이 되자는 스스로의 약속이었다.

그래서 나로서는 일정 수준의 근면성과 열정을 놓지 않고 나름 다양한 시적 실험과 모색, 성취를 위해 최선을 다해 시를 써왔다. 시를 공부했던 학생들이 후일 시 강의를 누구에게 들었느냐고 질문을 받았을 때, 부끄럽지 않게 대답되어질 수 있는 사람이 되자고 나름 애써 왔다.

정년 후 매년 한 권씩 시집을 펴내기를 어언 10여 년이 지난 오늘의 시점에서, 내 후기시後期詩라 일컬을 만한 10여 년 각종 문학지에 발표되었던 시들을 모아 여기 시집으로 낸다. 그동안 묵혔던 까닭은 매년 다른 시집을 기획하고 내느라 따로 엮을 틈이 없었다.

이 시집에는 미당과의 일화가 몇 있으니 스승과 관련된 이야기부터 하려 한다. 대학에 있을 때 나는 서정주의 시집 『산시山詩』를 텍스트로 논문 한 편을 쓴 적이 있다. 이 『산시』라는 시집은 스스로 세계여행시라고 명명하진 않았지만 세계일주 여행을 하면서 세계 각국의 산을 중심소재로 하여 쓴 것이어서 세계여행시의 효시라고 할 만

하다. 미당은 산시를 쓸 무렵 서책으로 된 대형판 세계지도를 구해서 서재의 책상에 놓고는 아침마다 독경讀經하듯이 세계의 높은 산 이름들을 순서대로 암송한 적이 있다, 나는 그때 스승의 모습에서 아, 시란 이렇게 시인과 소재가 하나가 되도록 몰두해야 좋은 시가 나오는 것이라는 사실을 은연중 깨닫는 계기가 되었다. 나는『산시』논문의 서두에서 서정주 시문학에 대한 연구가 기존의 연구가들이 수없이 말해온 그 범주에서 크게 벗어나고 있지 못한 점을 아쉬워하면서 진정한 서정주 문학의 완결은 후기시 연구에 있음을 역설한 바 있다. 하지만 그로부터 지금까지 미당의 후기시를 연구하고 언급한 논문을 본 적이 거의 없다.

최근 대학에서 시를 얘기하던 어느 분이 고맙게도 전화로 나의 80수 세계여행시 시집인『백야白夜』에 대해 몇 마디 읽은 소감을 주었다. 미당의『산시』와 금년에 펴낸 내 시집『백야』를 견주어 여행시의 문학적 비전과 가치, 그 가능성을 내다본다는 견해였다. 우리 시에서 여행시旅行詩 라는 말은 그 자체가 소원할 만큼 많이 도외시되어온 것은 사실이다. 그러나 여행시가 이제는 거론되어도 좋은 시점에 이르렀다고 보고 싶다. 세계여행이 그동안 일부 특수층의 전유물로 그것도 순수 관광 위주의 여행이 목적이 아니라 고위직 공무원의 해외출장 아니면 사업가들의 비즈니스 등이 대다수였다. 그렇게 우리의 여행시라는 것이 특히 세계여행시는 그 동안의 우리 생활수준이나 관심사 분야에서 현실적으로 맞닿아 있지 않은 부분이 있었다. 우리의 보편적 일상 체험이나 정서 등에서 격차가 있었으므로 시로 즐겨 읊지 않은 점이 있었다.

하지만 지금은 이미 글로벌 시대-지구촌 한 마당으로 많은 사람들이 해외를 들고 나는, 세계여행의 자유화, 보편화, 일상화가 이루어지고 여행문화가 만개하는 시대이다. 근자의 시집들을 보면 국내는 물론 세계여행시도 몇 편씩 심지어 연작시 형태로 발표하고 있다. 이제는 우리 시에서도 여행시가 우리 문학공간에서 주목을 모으고 시문학의 풍성함을 돕는, 그리 낯설지 않은 한 분야가 되었으니 자주 회자膾炙되리라는 생각이 든다.

여기 미당의 『산시』를 거론하는 것은 우리 시의 앞날을 위해 전인미답의 길을 일찍이 닦아놓은 시인이라는 생각을 지울 수 없어서다.

2007년 정년 하면서 나 개인으로는 감당하기 어려운 일들이 연이어 일어났다. 정년 마지막 학기의 위암 수술, 계속 되는 통원 치료에도 2008년에 계간 미네르바에서 시집 『별』을 엮었다. 그리고 2009년에는 아내와 사별하는 슬픔을 겪기도 했다. 다음해인 2010년 문학아카데미에서 시집 『종이학』을 펴내고 그 후 몇 년 2013년까지는 내 문학연보에 아무 것도 기록되어 있지 아니하다. 정신이 없었다. 시를 쓸 생각을 꿈에도 못하고  내 자신의 병마와 그리고 아내를 잃은 슬픔에서 도저히 헤어날 수가 없었다.

그러나 시간이 흐르는 사이, 병고는 점차 경과가 좋아지고 아내와 헤어진 사라질 것 같지 않던 슬픔도 어느덧 가라앉고 있었다. 더불어 나도 내 살아온 삶 전체를 돌아보게 되고 앞으로 살아야 할 길을 모색하며 점차 안정을 찾게 되었다. 사는 날까지 벗어나지 못할 고통과 슬픔이 나도 모르게 어느새 내 곁을 비워가는 것을 느끼며, 사람은 이래서 살아가게 마련인가 하는 자연의 섭리를 쓸쓸히 실감해 보는 것이다.

2013년 2행시집 『살아가는 슬픔, 벽』을 계간 열린시학에서 펴냈다. 이 시집은 내 후기 시집의 원년으로 삼아도 무리가 없을 것 같다. 이후 매년 한 권씩 시집을 내게 되었다. 아마 한국에서는 2행시집으로는 처음 선 보인 것이다.

2014년 장시집 『마추픽추』는 고명철 평론에 의하면 마추픽추를 소재로 한 장시집으로는 페루는 물론 국내뿐만 아니라 세계 최초라 한다. 미스터리한 마추픽추에 내 시적 상상력을 동원하여 한 권의 시집으로 완성했다.

2015년 『사행시초 2』는 등단 50주년 기념 시집이다. 등단 10년 만에 가진 첫 시집 『사행시초』와 대비하여 낸 시집으로 등단 무렵의 내 시적 감성과 오늘의 내가 어느 정도 달라졌는지 그 차이와 능력을 스스로 가늠해 보기 위해 의도적으로 쓴 시집. 첫 시집의 사행시를 순서대로 대본처럼 뒤에 놓고 새로 쓴 시를 편집상 앞에 둔 시집으로 아마 이런 시도도 내가 처음이 아닌가 싶다.

2016년 『꽁치』는 음식시집이다. 음식에 대한 시는 백석처럼 북방 정서를 나타내기 위해 쓴 시 아니면 송수권의 남도의 정서를 나타낸 음식시들 편편이 있으나 음식으로 펴낸 시집으로도 처음인 시집이다.

2017년 『하늘 사람人 땅』은 천지인天地人 삼재三才를 기본으로 하여 쓴 3행시집이다. 시조가 우리시의 독특한 정형시이지만 시조 아닌 자유로운 율격의 삼행시도 씌어져야 한다는 신념에서 만든 시집이다. 이 삼행시는 짧은 시의 일환으로 계획되어진 것이기도 하다. 자유시 형식의 삼행시로는 우리 시단에서 처음 있는 일이었다.

2018년 『가을인생』은 1행에서부터 10행까지를 짧은 시 형식으로 보고 짧은 시의 마무리로 펴낸 시집이다. 짧은 시를 10행까지 보는 것은 너무 넓게 그 범위를 규정한 감이 있으나 좀 넉넉해도 괜찮지 않을까 싶은 나의 생각에서였다. 이런 주장에는 소네트 형식이 많이 그 뒤받침이 되었다. 이로써 짧은 시에 대한 작품 및 이론에 대한 소견을 시집 뒤 여적에서 밝히므로 2행, 3행. 4행, 1행에서 10행까지 마무리를 보게 되었다. 이 한 가지 일만 하여도 나로서는 시를 써오면서 가졌던 부담감을 많이 덜게 된 기분이다.

2019년『바이칼』은 죽은 아내를 그리워하는 내용을 담은 조시弔詩다. 아마 조시로는 가장 스케일이 큰 연작시가 아닐까 생각해본다. 나는 아내를 유언에 따라 봉분도 비碑도 없이 내 고향 주문진 앞바다에 유골을 수장했다. 나도 명을 달리하면 그리할 것이다. 평소에 가진 내 생각을 알고 아내가 원했던 것이다. 사소한 일 같지만 이렇게 마음 먹는 것도 그리 쉽고 간단한 일이 아니었다. 내가 살아 있을 때까지는 아내의 기일을 지켜 제사를 올릴 것이다. 그 다음 일은 나의 일이 아니니 관여할 바 아니다.

나는 문학적 상상 속에서 아내를 고향바다에 수장한 것이 아니라 민족의 시원始原이라 일컫는 바이칼에 수장한 것으로 표현, 연가곡 형식으로『바이칼』을 만들었다. 작품을 쓸 때 모 시인이 이『바이칼』을 공연 무대에 올려보자는 제의도 있어서 의욕을 갖고 만들었으나 무슨 사정에서인지 차일피일 미뤄지더니만 넘긴 원고도 분실되었다는 얘기도 있고 지저분해서 그만 공연할 꿈을 접고 말았다. 그러나 한 가지 내가 등단 초기 무렵에 낸 시집『고려의 눈보라』에서 어느 때인가 독자들이 읽으면 눈물이 글썽해질 시집을 내겠다고 한 약속은 지킨 셈이어서 그것으로 위안을 삼는다.

작품을 쓰다보면 예기치 않은 불편한 일도 겪는다. 모 출판사를 경영하는 시인이 육필시집을 내겠다고 하며 기일도 상당히 촉박하게

굴어서 만사 재폐하고 만들어 보냈더니 해를 넘겨도 일언반구 없이 깜깜 무소식이다. 원고도 돌아오지 않고 있다. 이래도 되는 일인지 당연히 그 과정을 물을 나도 묻지 못하고 있으니 내 불찰이기도 하고….

2020년『백야』는 세계여행 시 시집이다. 앞에서 미당의『산시』를 언급한 자리에서 몇 마디 하여서 그것으로 덮는다. 단지 하나 이 시집에 수록된「콰이강의 다리」를 보기 위하여 중국 우한 코로나19 바이러스가 한창 번지려고 하는 시점에 용케도 태국에 갔다 온 사실은 잊을 수 없는 일이다. 2월말에 갔다 3월초에 귀국했는데 지금도 코로나19라는 감염병의 그늘은 지구촌을 지배하고 해결되지 않고 있는 상태다.

코로나가 가라앉지 않아도 사람은 해야 될 일을 해야 하니까, 나는 2021년 5월 출간을 예정하고 시집을 준비 중이다. 그간 한 10여 년 동안 나는 나름대로 열심히 살아왔다. 특히 작년 연말 무렵에는 만에 하나 코로나에 걸려 시집『백야』도 못보고 명을 달리하면 어떡하나 라는 불안에 시달리기도 했다. 하면서도 하나님도 그렇게 나를 야박하게 다른 곳으로 데려가지는 않겠지 하는… 시집을 내는 일과가 있으니까 생명줄을 연장시켜 줄 것이란 가당찮은 믿음을 갖고 살기도 했다. 그러니까 앞으로 한 2년 동안에는 시집을 내고 내 문학도 어느 정도 정리가 되니까 그때까지는 불행한 사태가 나에게 있어서는 안 된다는 신념으로 버티고 있다.

앞에 밝힌 내 시집들에 대한 간략한 소개에서 짐작하겠지만, 나는 내용뿐만 아니라 시적 형식에도 천착해 왔다. 이것은 내 시가 좋다 나쁘다 평가 이전에 내 시적 태도요 고집이다. 다른 사람이 걷는 길을 되도록 안 가고 밟지 않으려는, 누가 뭐래도 내 길을 가려는 불통고집이다. 시에서만은 만년설처럼 용광로처럼 살아왔으나 한 10년 동안 낸 기존의 내 시집을 보면 전반적으로 부드러워졌다는 사실이다. 부드러워진 것은 그만큼 긴장감이 풀리고 해이해졌다는 의미이기도 하다. 나이를 먹었으니까 어쩔 수 없다고는 하지만 나는 나의 이런 것들을 쉽게 용납할 수가 없다. 그래서 요즈음은 절필絶筆을 심각하게 생각하고 있다. 그 시점을 2년 후로 잡고 있다. 두 권의 시집만 내고 절필하고 싶다, 일생 써온 시니 절필하고서도 시가 써지면 어떻게 할 것인가. 쓰면 써지는 대로 발표치 않고 그냥 그대로 둘 것이다.

그 작품들은 유고遺稿라는 이름으로 어느 시점에 모두는 아니더라도 더러 발표가 되리라고 믿는다. 괜찮은 작품이면 그 나름대로 타작이면 그것대로 후인後人이 평가하면 되리라고 본다-그 2년을 위해서 이제부터 나는 좀 더 자유롭게 놀고 쓸 것이다.